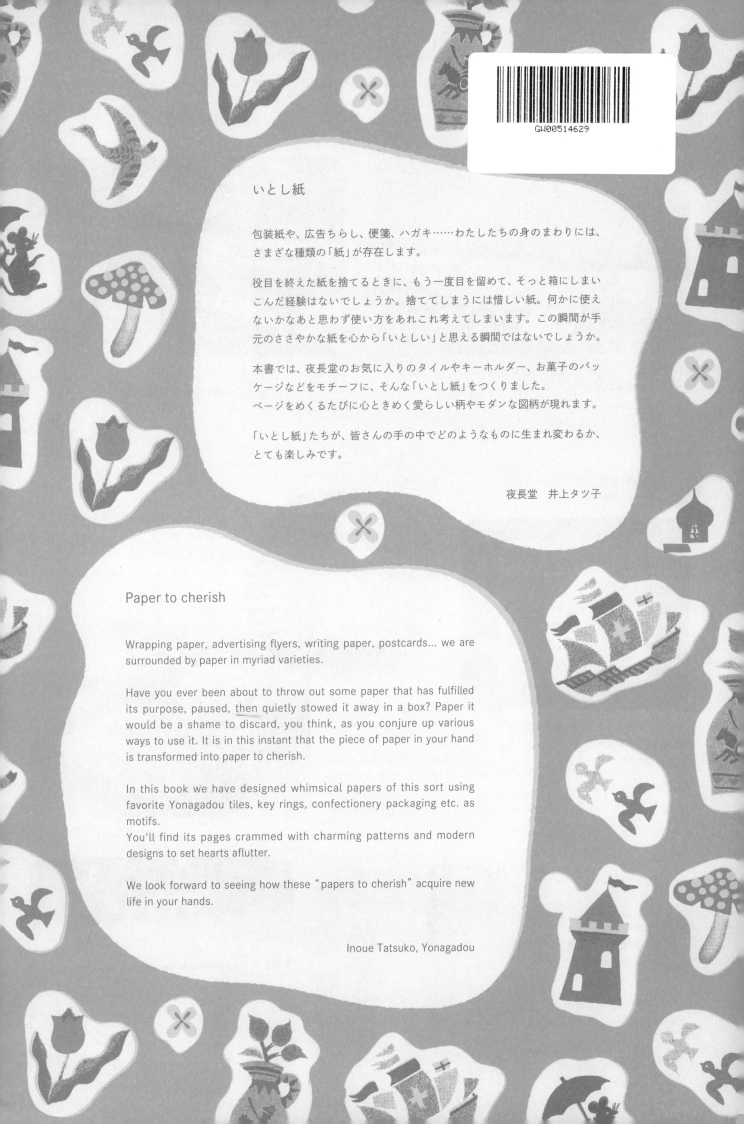

いとし紙

包装紙や、広告ちらし、便箋、ハガキ……わたしたちの身のまわりには、さまざまな種類の「紙」が存在します。

役目を終えた紙を捨てるときに、もう一度目を留めて、そっと箱にしまいこんだ経験はないでしょうか。捨ててしまうには惜しい紙。何かに使えないかなあと思わず使い方をあれこれ考えてしまいます。この瞬間が手元のささやかな紙を心から「いとしい」と思える瞬間ではないでしょうか。

本書では、夜長堂のお気に入りのタイルやキーホルダー、お菓子のパッケージなどをモチーフに、そんな「いとし紙」をつくりました。
ページをめくるたびに心ときめく愛らしい柄やモダンな図柄が現れます。

「いとし紙」たちが、皆さんの手の中でどのようなものに生まれ変わるか、とても楽しみです。

夜長堂　井上タツ子

Paper to cherish

Wrapping paper, advertising flyers, writing paper, postcards... we are surrounded by paper in myriad varieties.

Have you ever been about to throw out some paper that has fulfilled its purpose, paused, then quietly stowed it away in a box? Paper it would be a shame to discard, you think, as you conjure up various ways to use it. It is in this instant that the piece of paper in your hand is transformed into paper to cherish.

In this book we have designed whimsical papers of this sort using favorite Yonagadou tiles, key rings, confectionery packaging etc. as motifs.
You'll find its pages crammed with charming patterns and modern designs to set hearts aflutter.

We look forward to seeing how these "papers to cherish" acquire new life in your hands.

Inoue Tatsuko, Yonagadou

いとし紙の楽しみ方
Enjoying your "cherished papers"

送る Send

用途に合わせて封筒の大きさも自由に調整。カラフルな柄と、
お気に入り切手や便箋をコーディネートして楽しんで。
Make envelopes in various sizes.

ぽち袋に豆こけしを入れてサプライズのおまけ。
Surprise people with a little something in a decorative
envelope.

包む Wrap

折り方を工夫して、立体感を楽しもう。
中にお菓子を入れたり、おみやげ袋にし
たりと大活躍。
Pack in a pyramid-shaped bag.

ペーパーを1枚シンプルに巻くだけで、
特別な贈りものに変身。
Use as decorative giftwrap.

洋服を選ぶように、お気に入りの
ペーパーに合うリボンをチョイス。
Add a matching ribbon
to your favorite paper when wrapping a box.

飾る Decorate

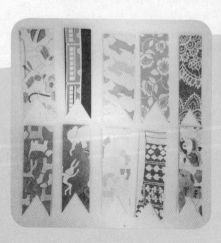

ハサミでチョキチョキ。ペーパーを
いろんな形に切ってつなげるだけで
華やかなパーティーの装飾が完成。
Dress up a room interior with
strips of papers.

彩る　Embellish

さしいれのお弁当に、相手の好みの箸袋を
添えたら、気持ちが伝わりそう。
To wrap chopsticks accompanying a
lunchbox

モダンな柄のペーパーは、
晩酌セットにぴったり。
その日の気分やメニューに
合わせて図柄をセレクト。
For evening drinks

手軽に型抜きできるデコレー
ションパンチを利用したオリ
ジナルのランチョンマット。
おやつの時間も心うきうき。
For snacks

遊ぶ　Play

きょうちゃんは９才の小学生。そして、折り紙のピアノを生産する
「TAKAHA」社の社長。きょうちゃんの作り出す不思議な魅力いっぱいの
紙のピアノたち。
Use your imagination to have some fun.

学校の休み時間などを利用して制作したカラフルなピアノ
は、132 個。今も生産され続けている。

夜長堂の紙を使用して制作した
ピアノ。ふだん使う折り紙とは
異なる紙の質感を楽しんでもら
えたようす。

TAKAHA と夜長堂のコラボ製品
には、ピアノの背に「夜高堂」と
いう堂々としたサイン入り。

この本は、目で愛でていただいてもよいのですが、切り離して、さまざまな用途にお使いいただけるように、大判で制作しました。袋にしたときに裏面の柄もちらっと見える、両面印刷となっています。どちらの面を裏にしてもいいのです。着物の裏地を楽しむみたいに、裏に多色を使うのもおしゃれですね。

切り離してお使いいただくときは、まず、ぐっと本を開いてください。
そして、そっとはがしてください。
はがしやすいつくりですが、のりが多い部分は、まれにはがしにくい部分もあります。ご注意ください。
きれいに切り離すには、定規をつかってはがすことをおすすめします。

You can keep this book just for looking, but it has been produced in large format so the papers can be cut out and used for various purposes. Papers are printed on both sides, so that a glimpse of the reverse design can be seen for example when paper is made into a bag. Either side can be the back: using lots of color for the back also makes for a stylish touch akin to appreciating the reverse side of a kimono.

To tear out paper, first of all open the book right out.
Then, gently tear the page from the binding.
The pages are designed to tear out easily, but may prove stubborn in spots. Do take care.
Using a ruler is also a good idea.

夜長堂 YONAGADOU

yonagadou.com

関西を拠点とするアーティスト、井上タツ子の屋号。「モダンJAPAN復刻ペーパー」と題したかわいくて懐かしい雰囲気のペーパーや、レターセットなどの商品展開を自身で行うほか、さまざまなアーティストや企業とのコラボレーション商品の開発・イベントの企画など、幅広く活動している。また、ビルの魅力を謳う活動体BMC（ビルマニアカフェ）にも所属し、いいビルを使ったイベントの開催やリトルプレス「月刊ビル」の発行にも精力的に携わっている。なお、夜長堂の由来は、坂口安吾の短編小説「夜長姫と耳男」から。

著書
『乙女モダン図案帖―大正昭和の紙もの・布のかわいいデザイン』（2010年）
『夜長堂の乙女モダン蒐集帖』（2014年）

共著
『いいビルの写真集 WEST』（2012年）
『いい階段の写真集』（2014年、以上すべてパイ インターナショナル刊）

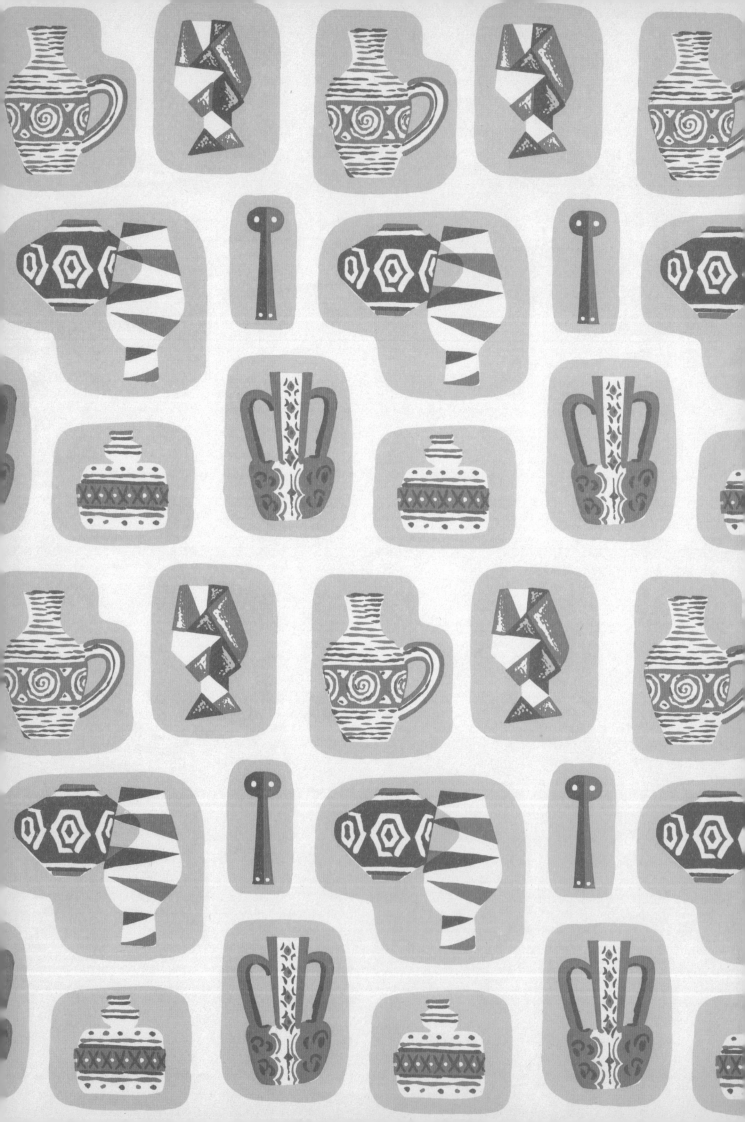

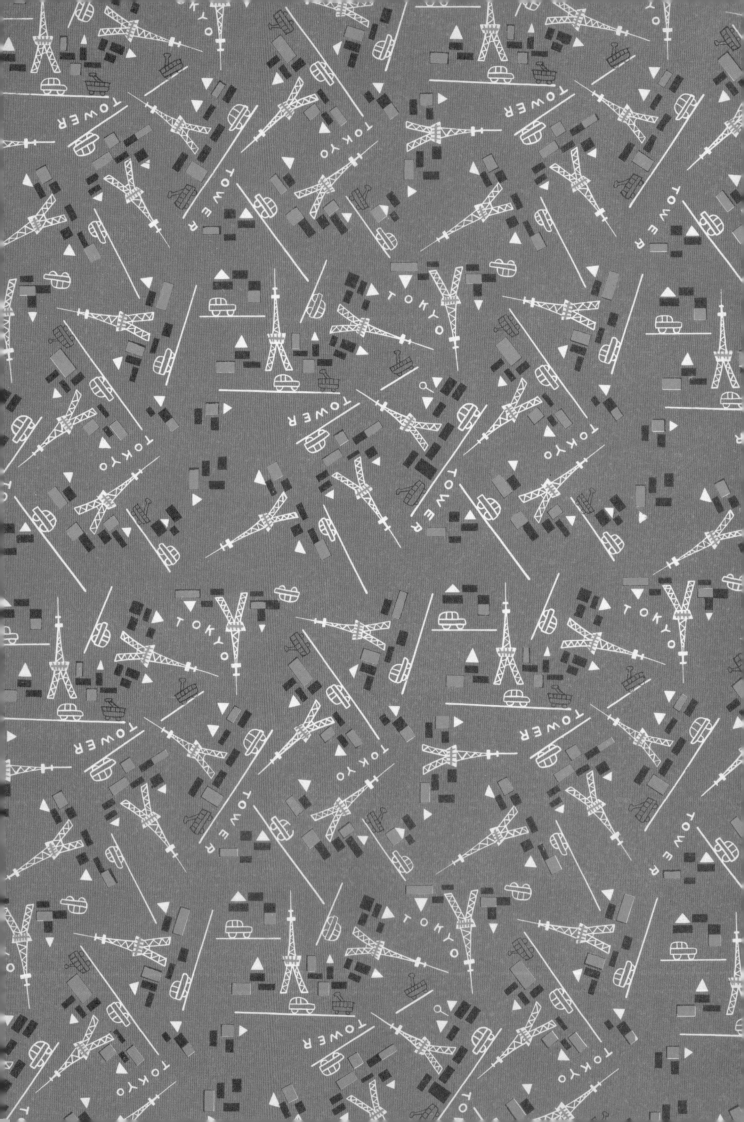

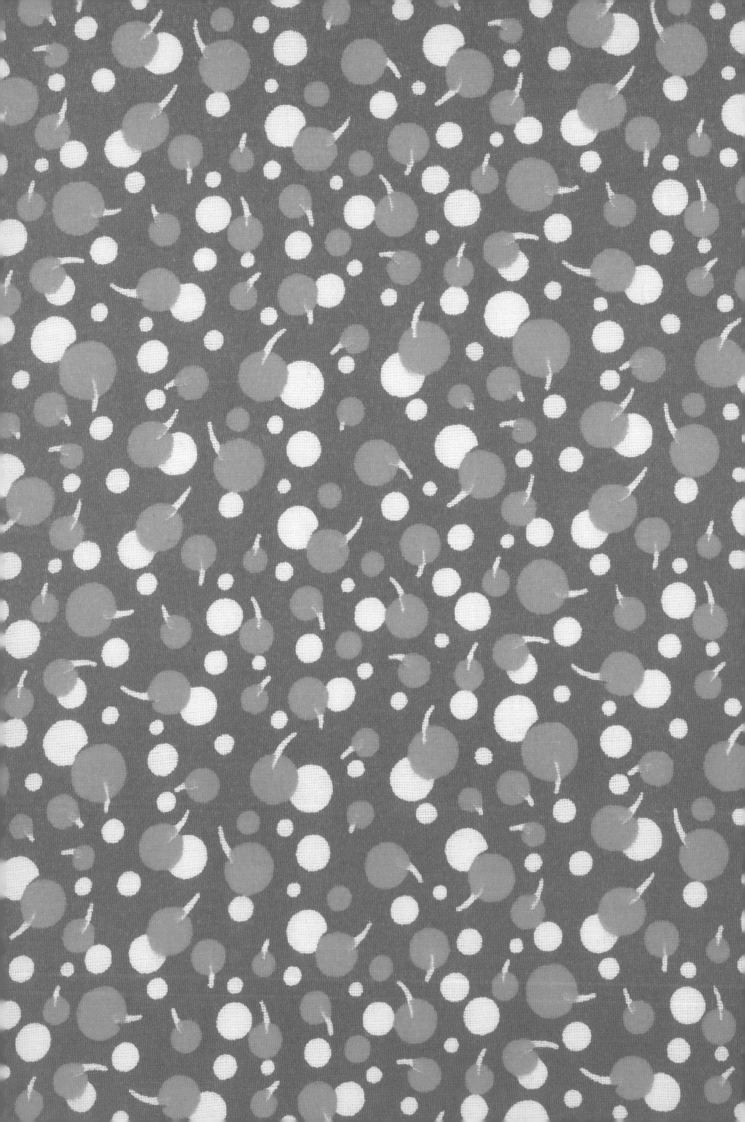

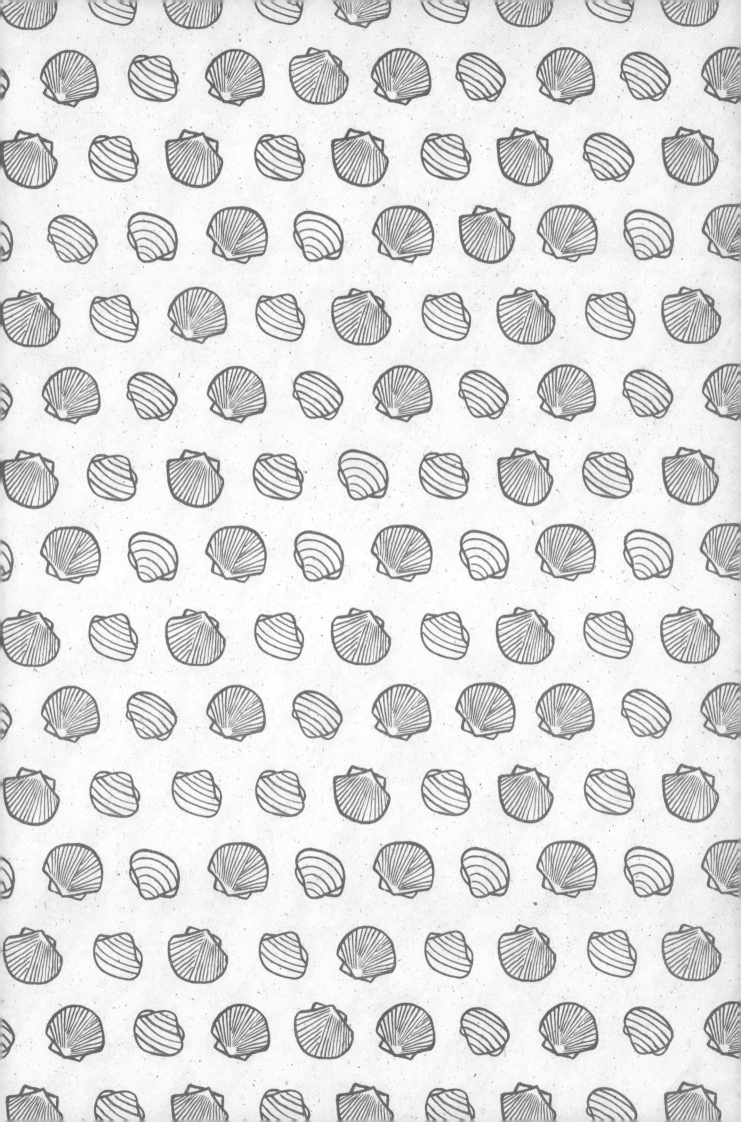

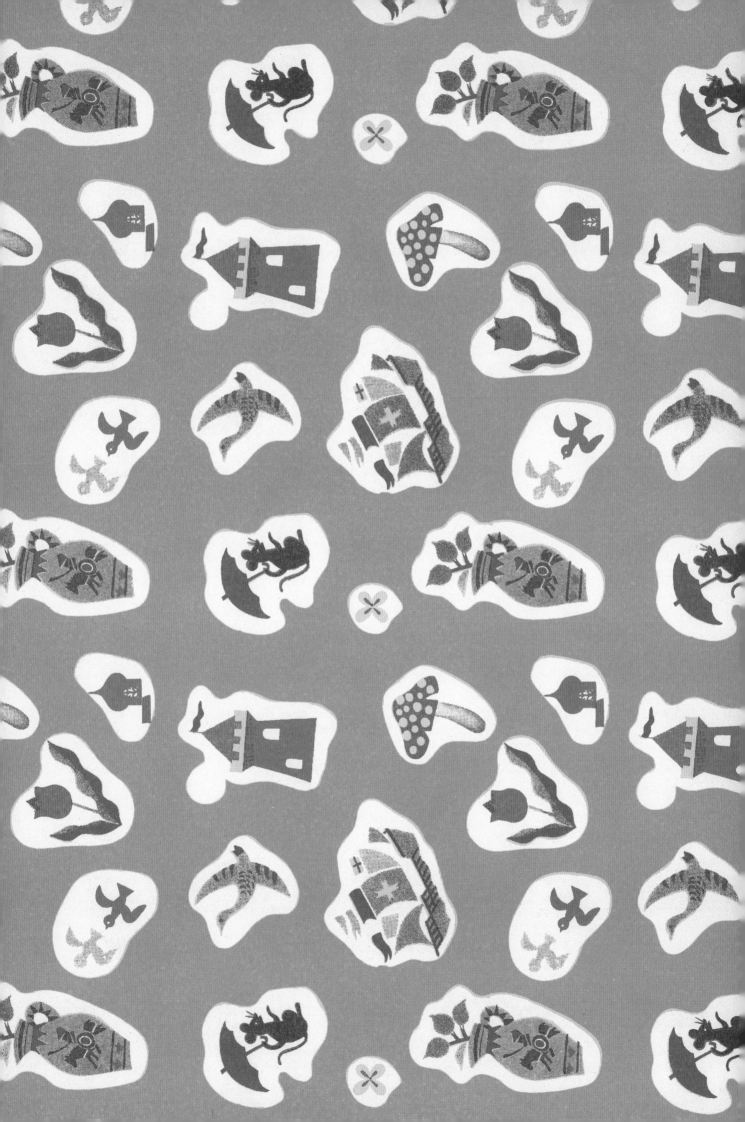

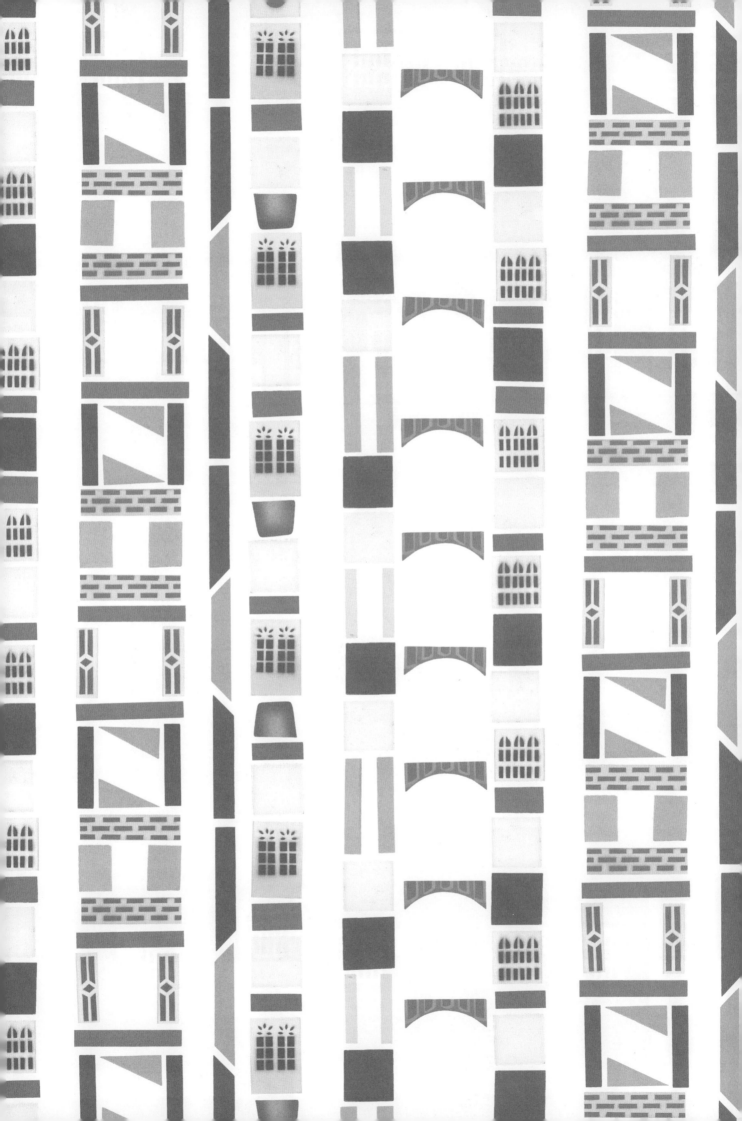

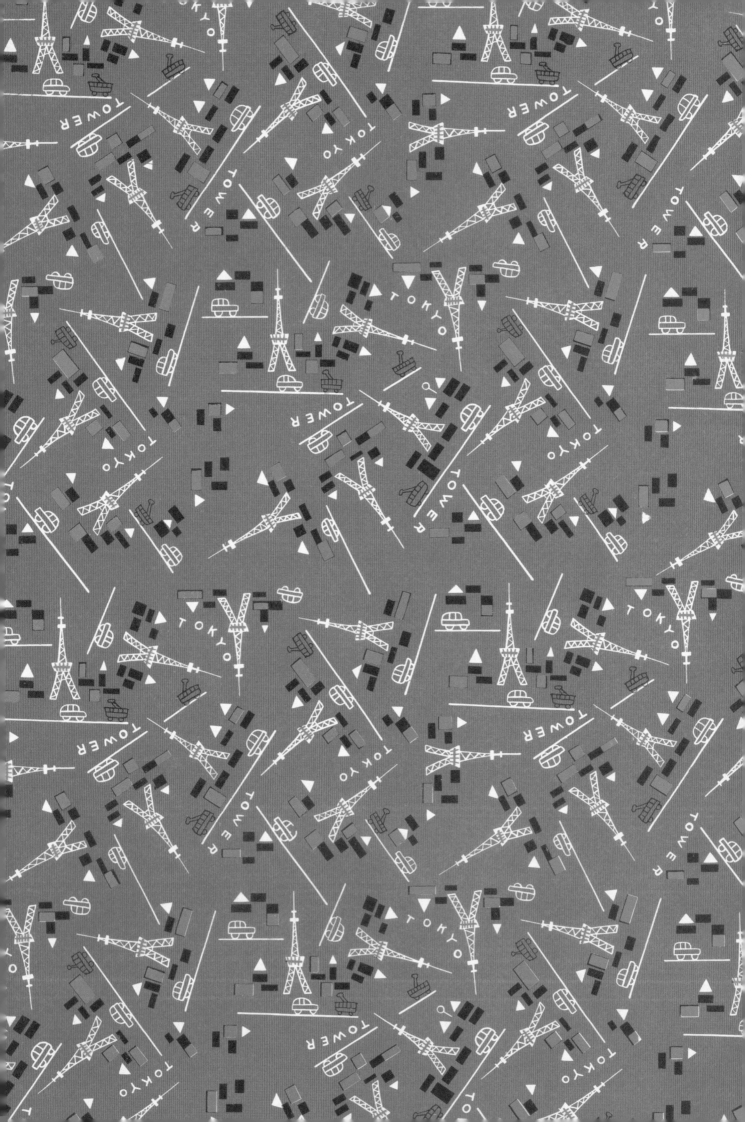

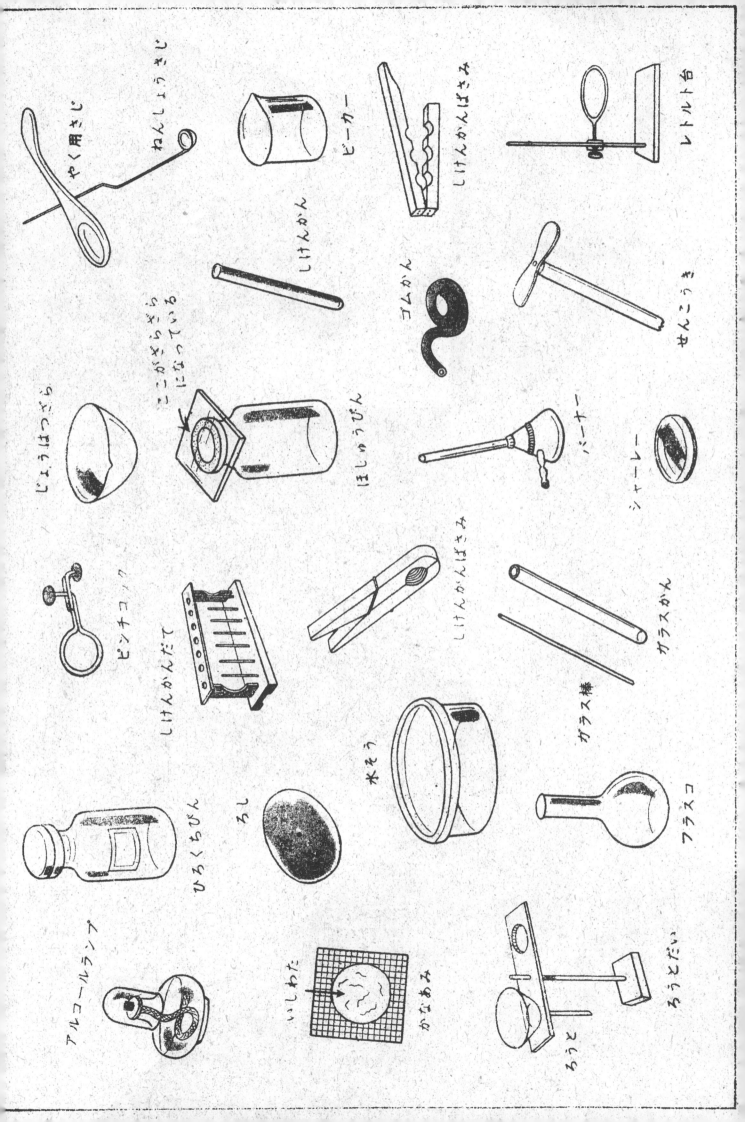

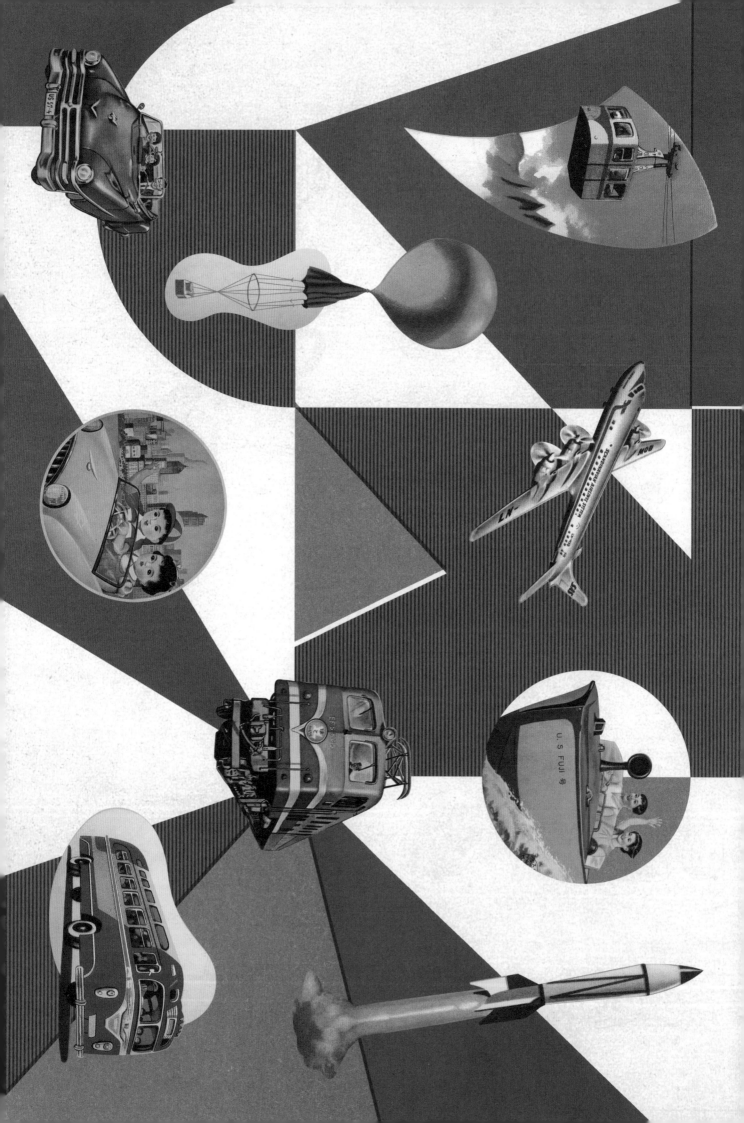

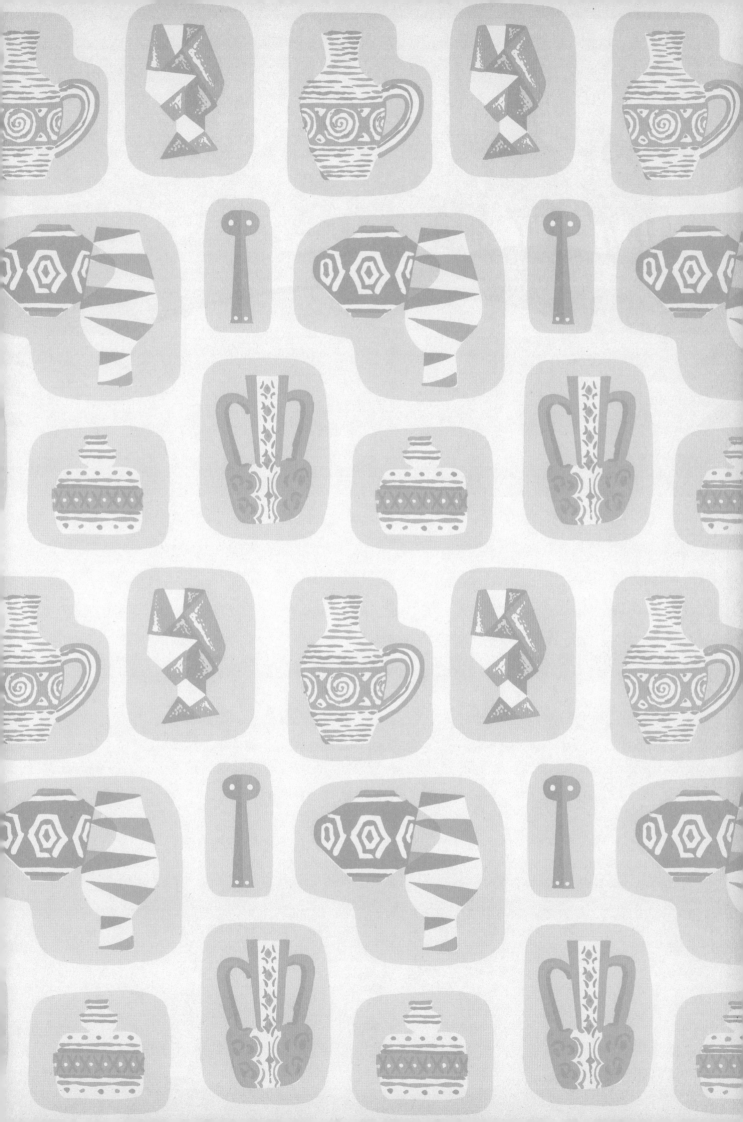

Double Star

BEST-COPIER

TRADE MARK

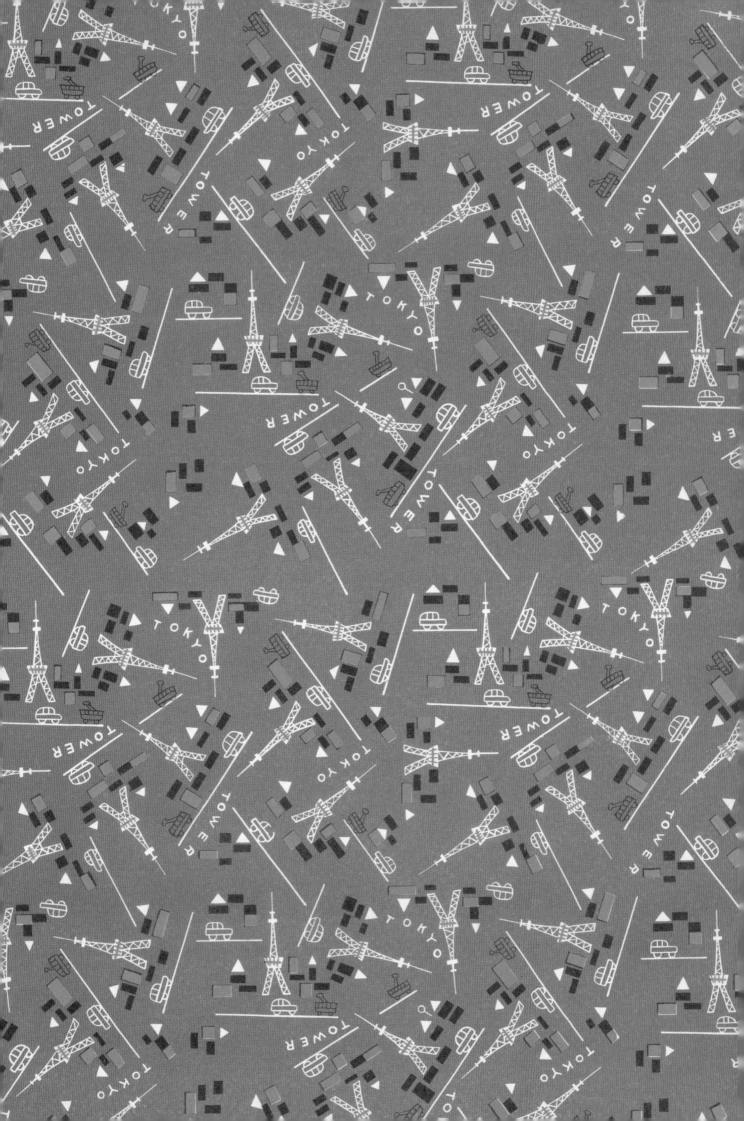

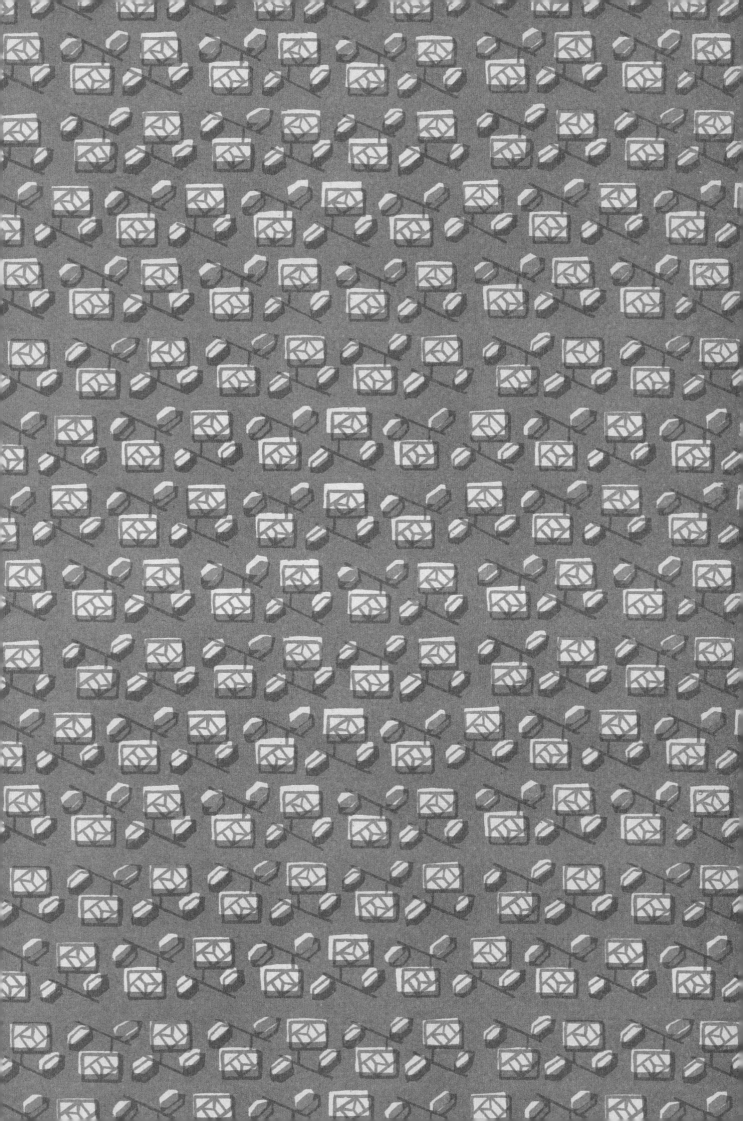

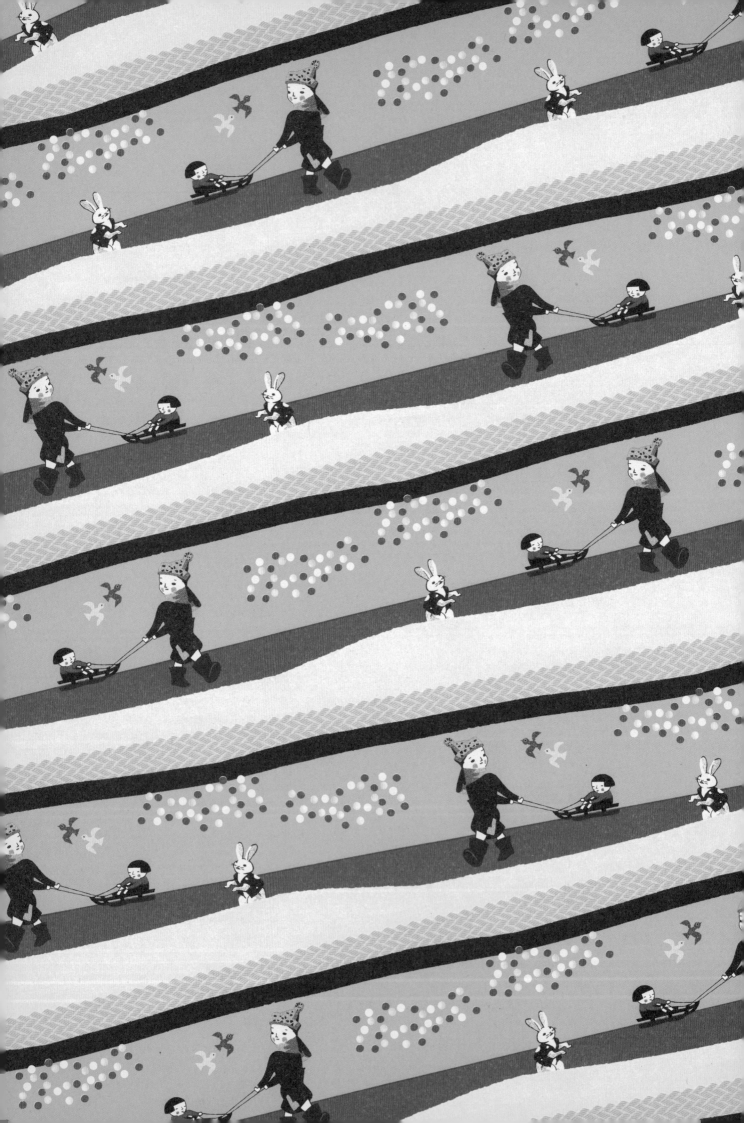

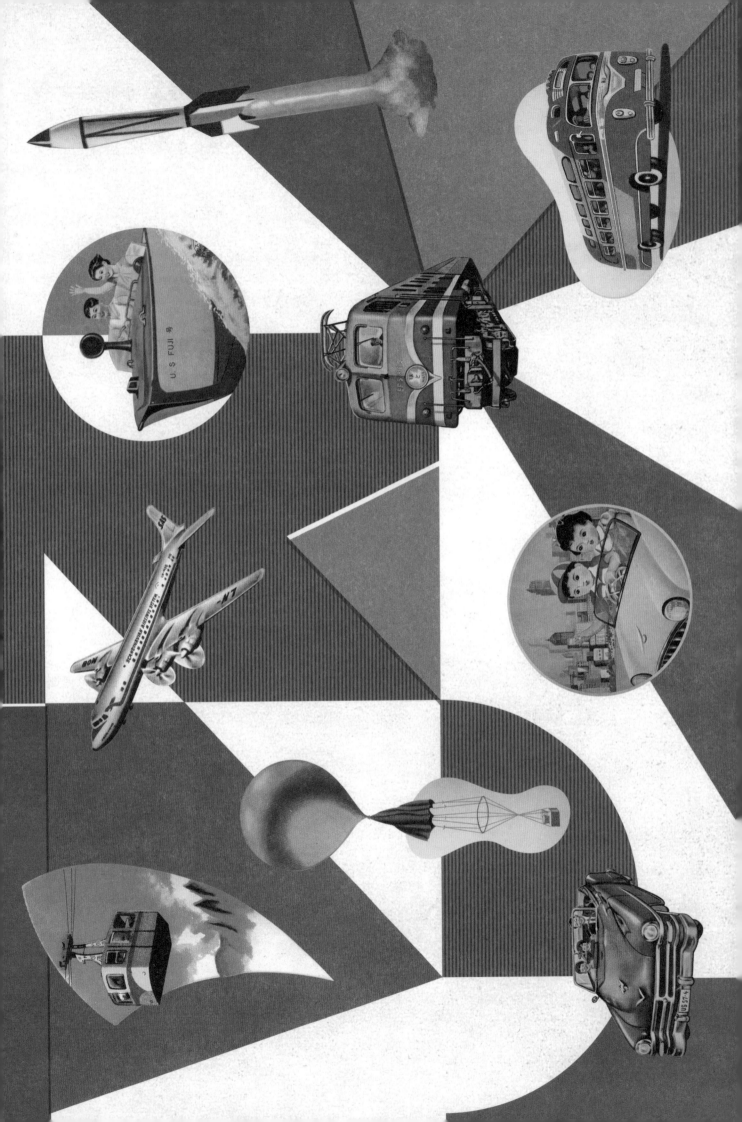

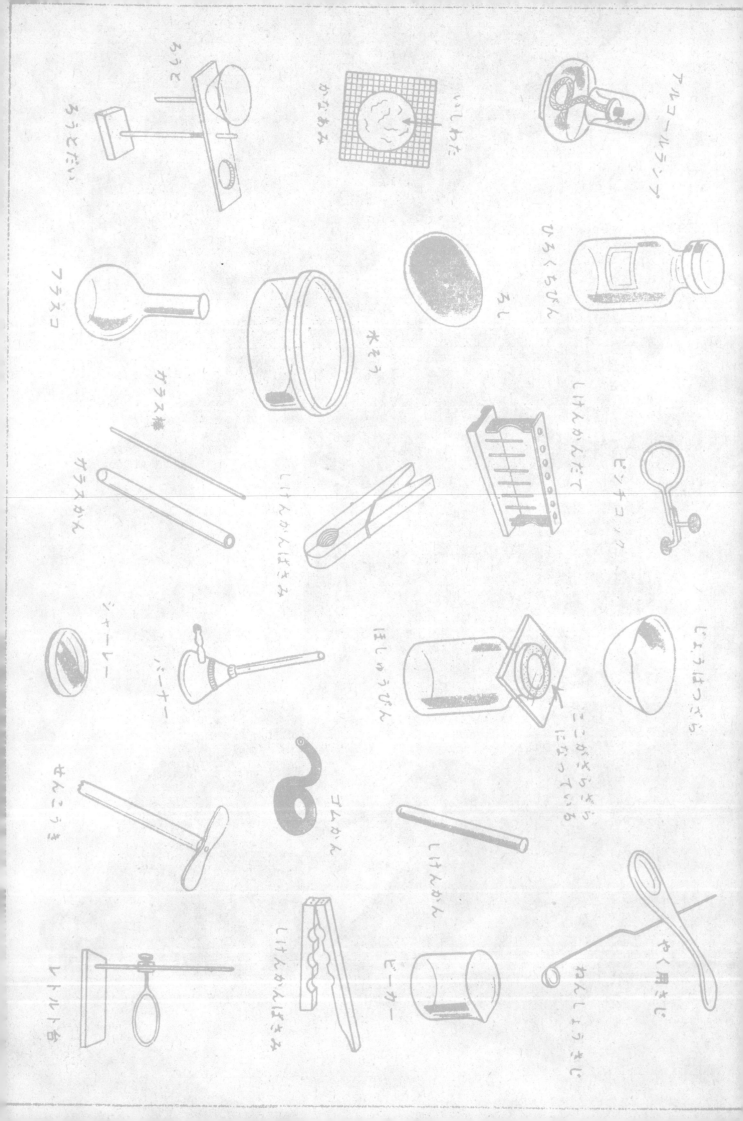

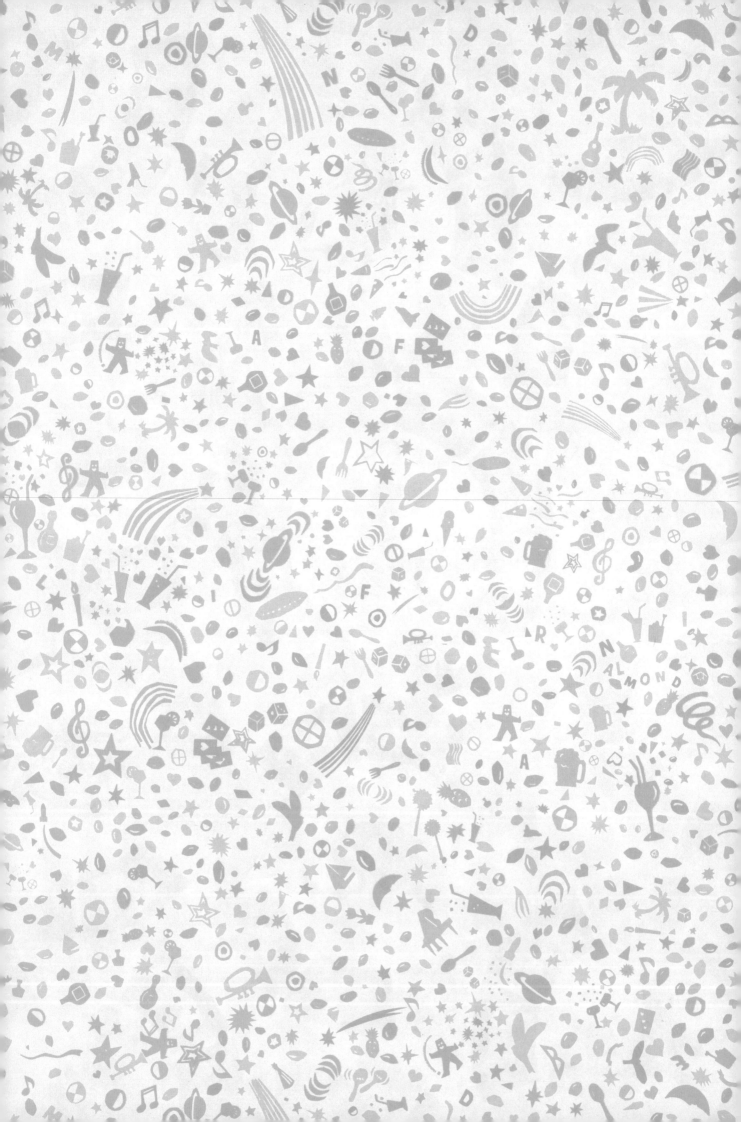

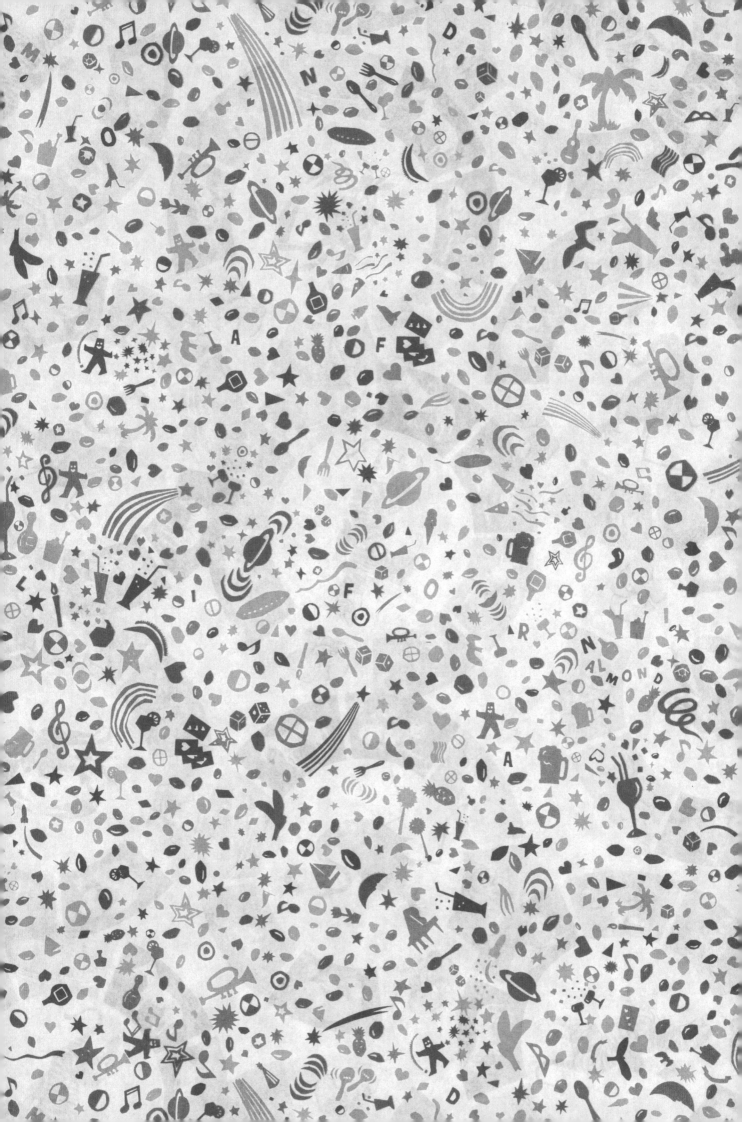

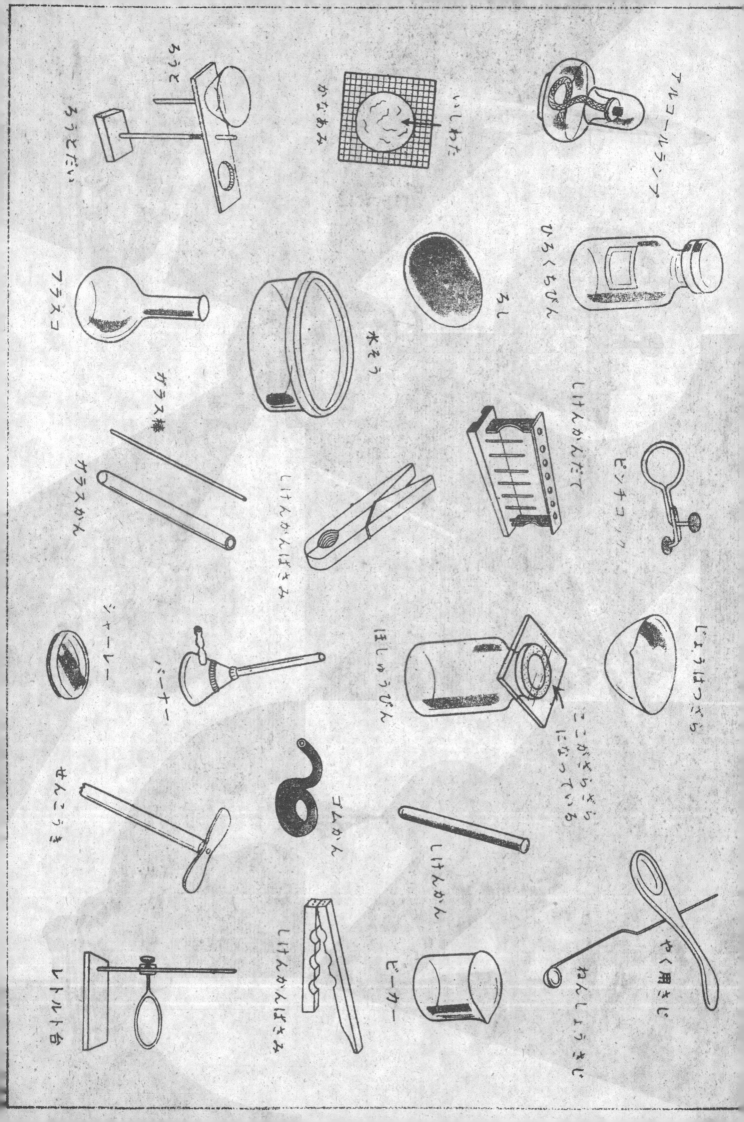

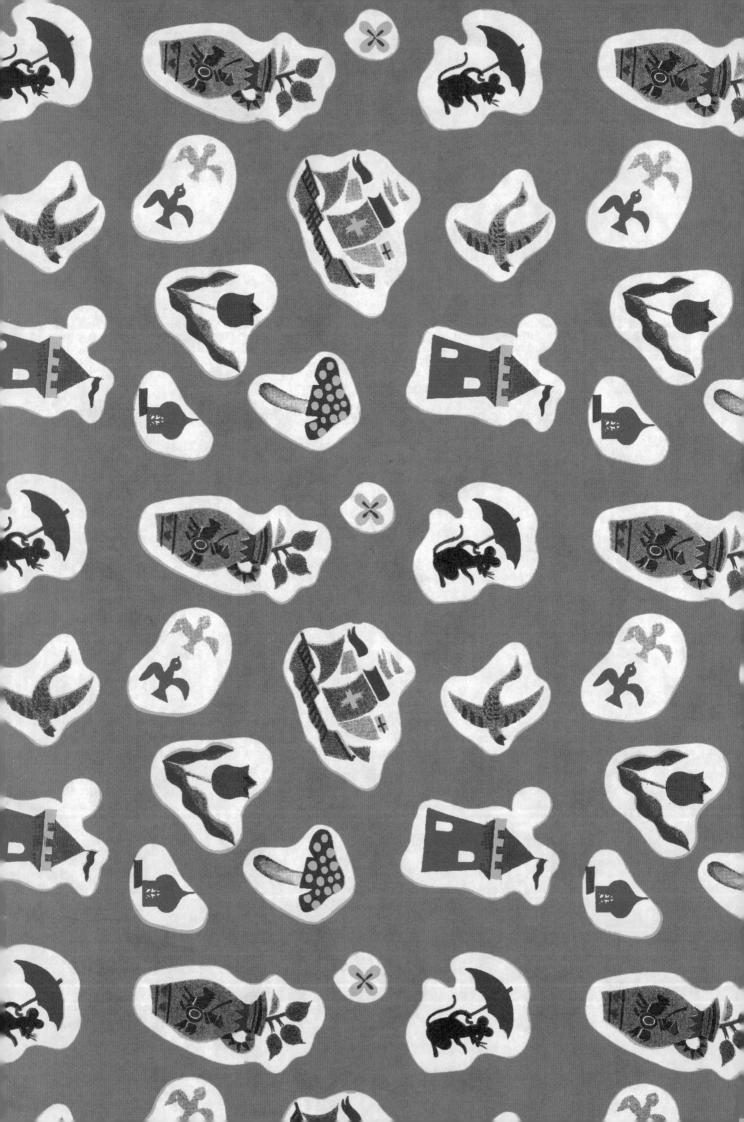

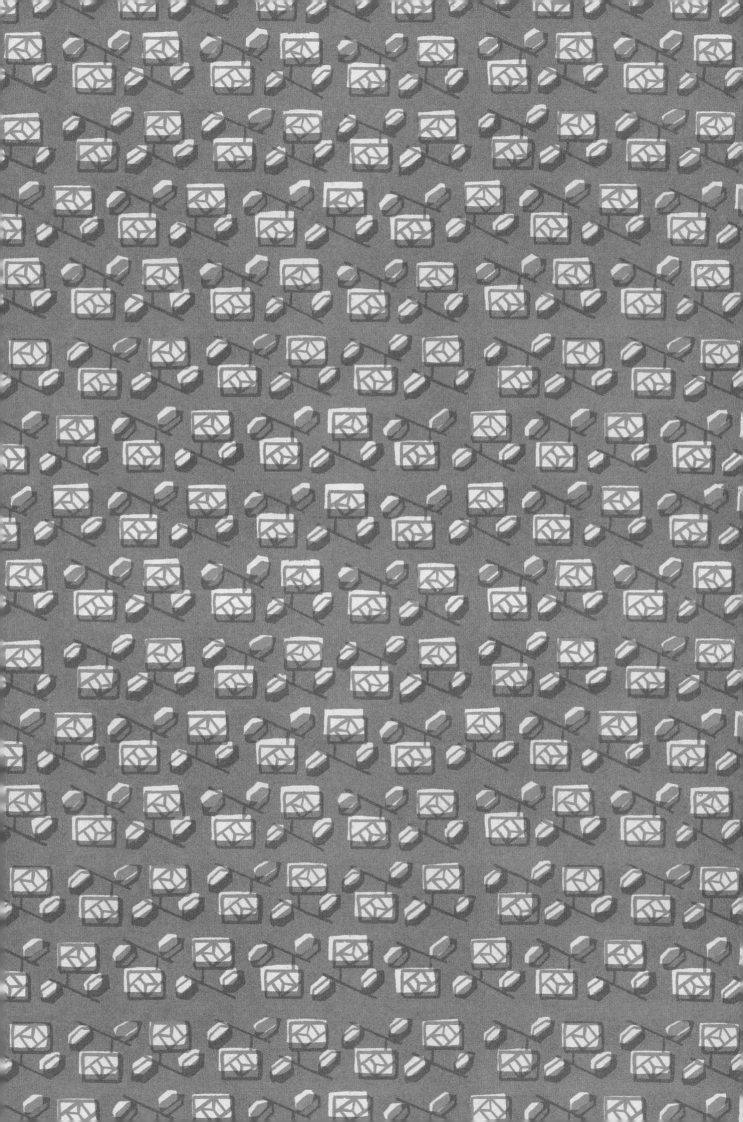

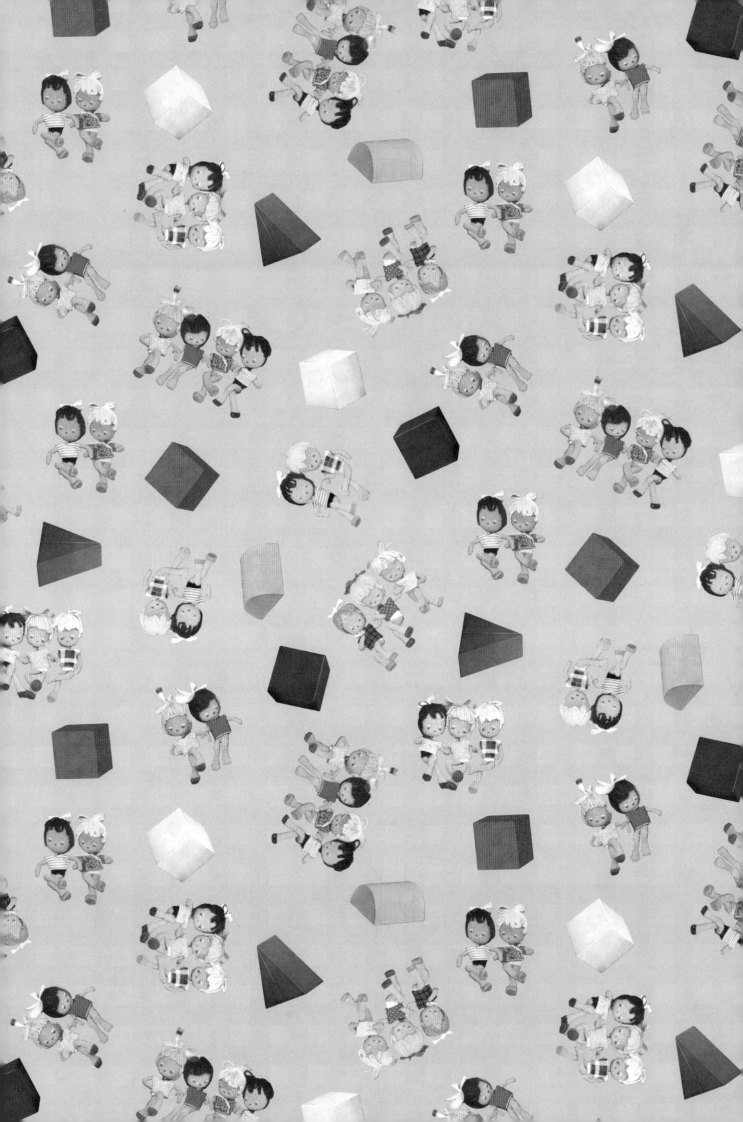

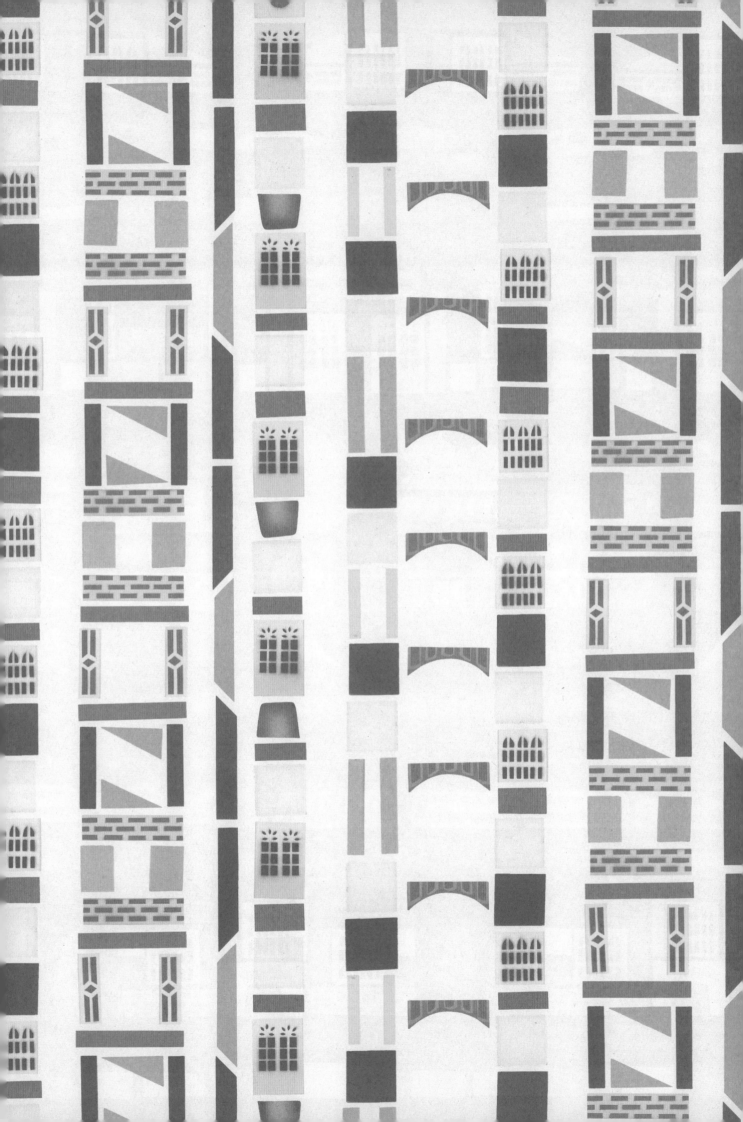

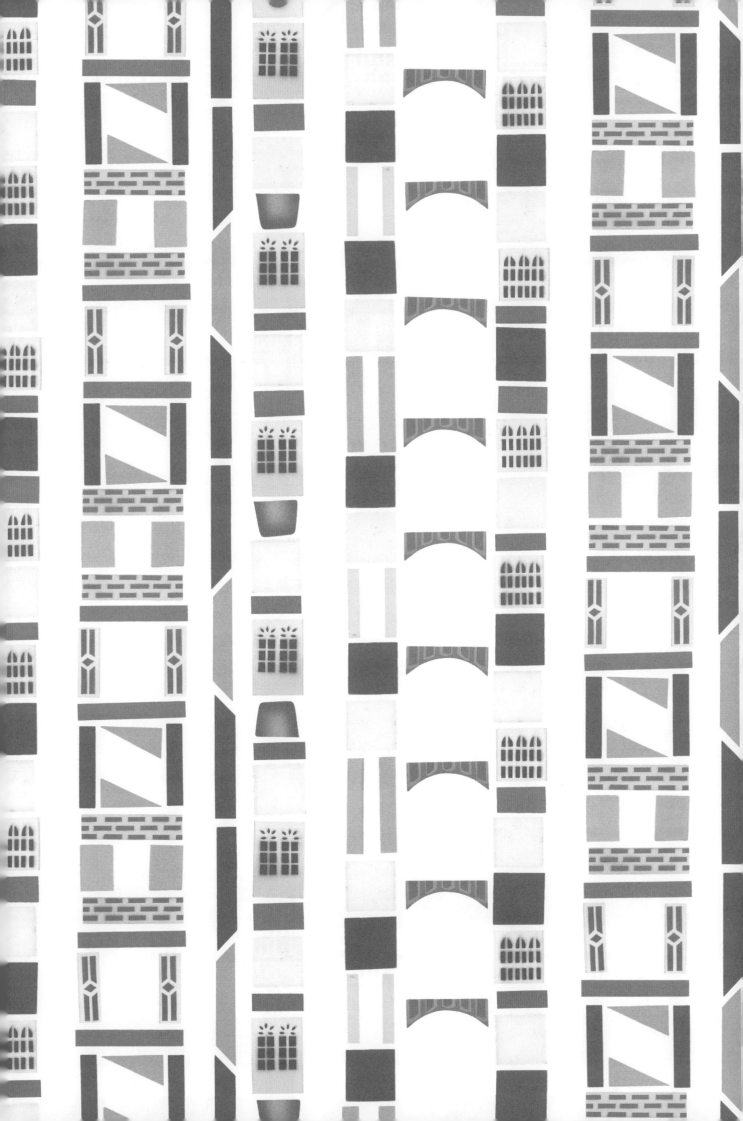

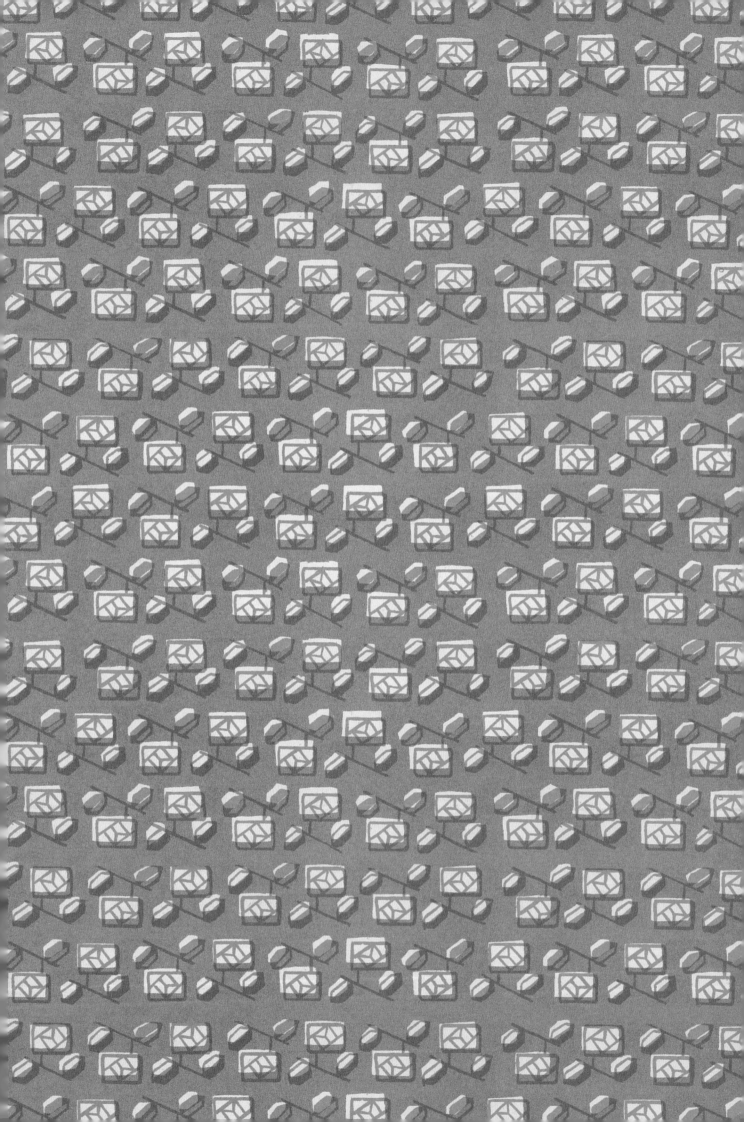

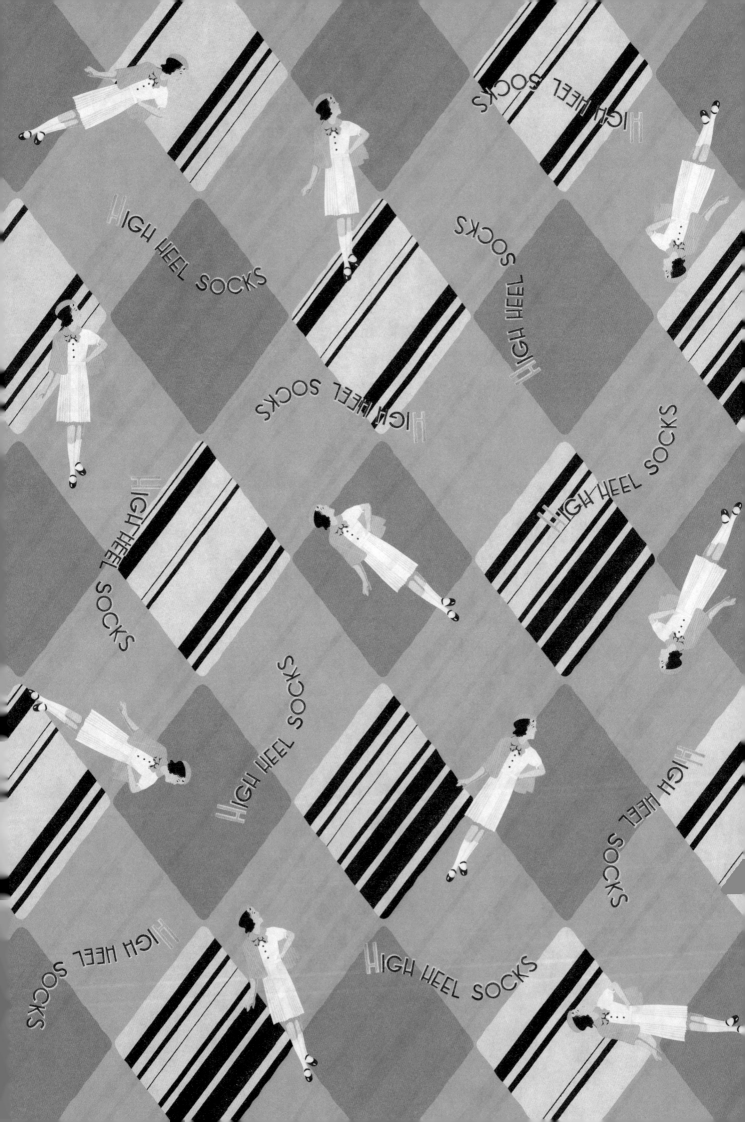

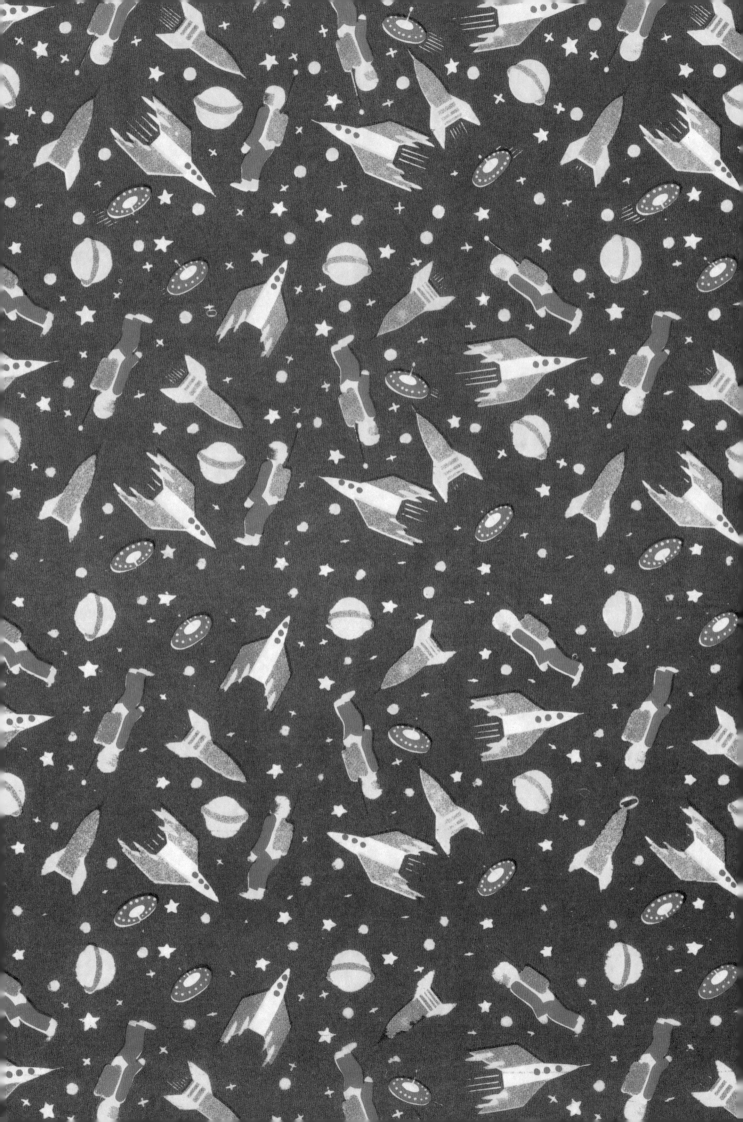

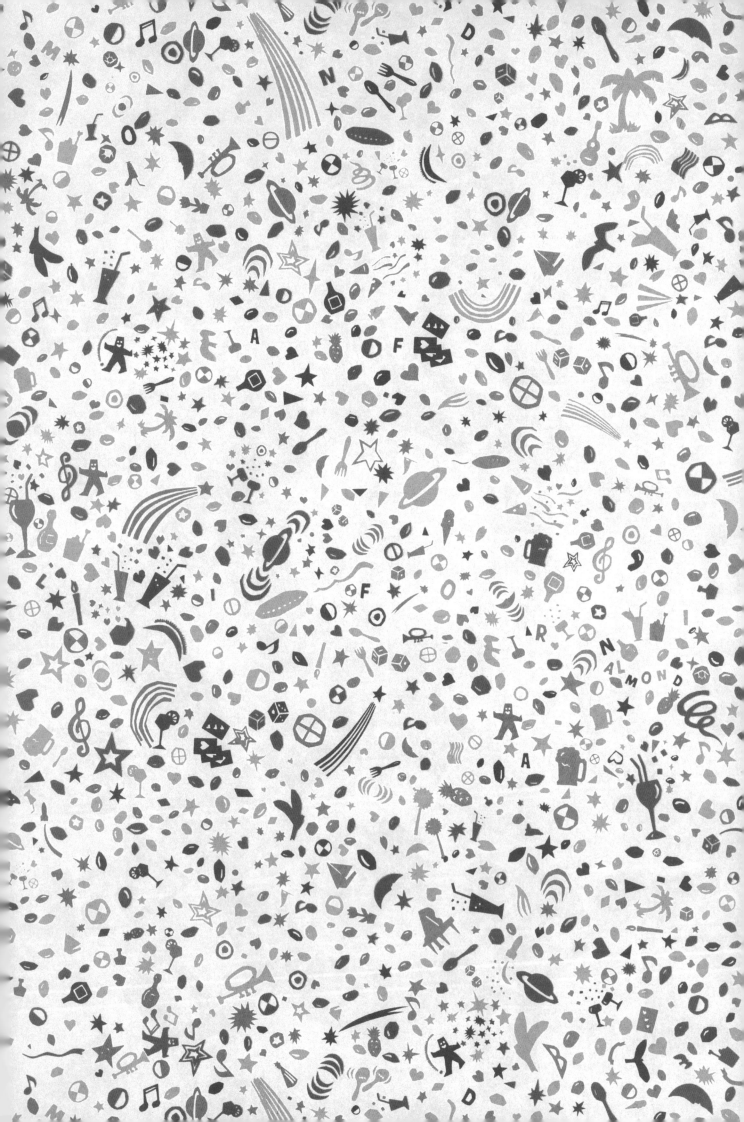

本書に収録した柄　List of designs in this book

※カラーの裏面は、1色で印刷されています。

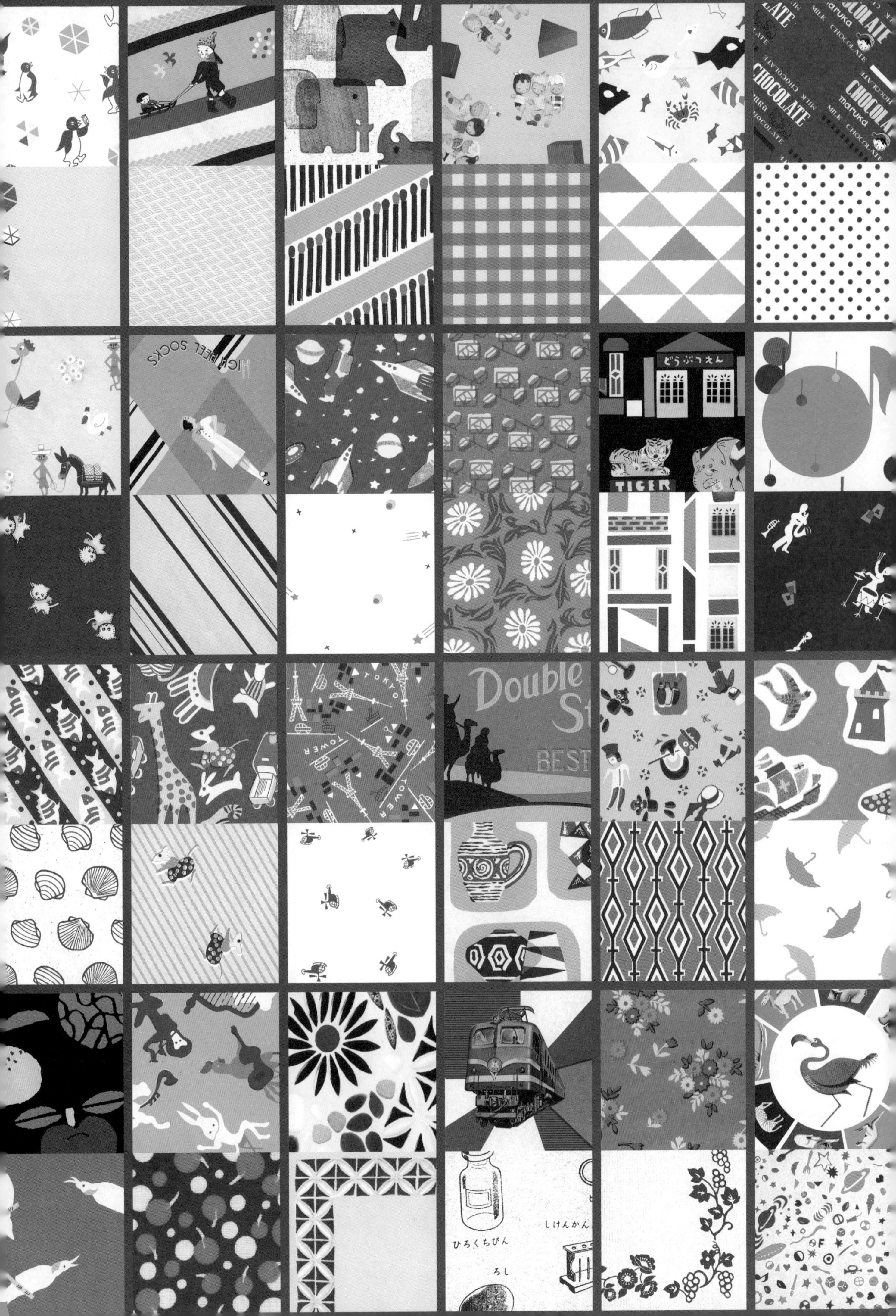

本書で使用した紙　Papers used in this book

カバー：b7 ナチュラル … 風合いとインクのノリのバランスがとれた微塗工紙
表紙：北越アートポスト … 両面に光沢があってきれいに色がのる紙
本文：OK アドニスラフ 70 … わらばんしのようなざら紙でコミック誌によく使われる
本文：エスプリ FP … バキッと光沢のある表と上質紙の裏で包装紙によく使われる
本文：キンマリ V … 蛍光染料不使用の自然な白さをもつ上質紙
本文：npi 上質 … なめらかで真っ白な上質紙
本文：OK ブリザード（米坪 120g/㎡）… そこそこ光沢のある表とざらざらな裏の厚い紙
本文：OK ブリザード（米坪 51.5g/㎡）… そこそこ光沢のある表とざらざらな裏の薄い紙

夜長堂のいとし紙 ハイカラ

Sweet and Nostalgic Paper Craft Book
Japanese Retro-Whimsy Patterns designed by Yonagadou

2015 年 5 月 9 日　初版第 1 刷発行

著者　夜長堂 井上タツ子
デザイン　佐野彩子（PIE Graphics）
協力　高橋杏輔（TAKAHA ピアノ）／川村尚子（夜長堂）
英訳　パメラ三木
編集　瀧 亮子（大福書林）

Author: Inoue Tatsuko (Yonagadou)
Design: Sano Ayako (PIE Graphics)
With cooperation from Takahashi Kyosuke (TAKAHA PIANO) & Kawamura Naoko (Yonagadou)
Translation: Pamela Miki
Editor: Taki Akiko (Daifukushorin)

発行人　三芳寛要
発行元　株式会社 パイインターナショナル
〒170-0005　豊島区南大塚 2-32-4
TEL 03-3944-3981　FAX 03-5395-4830
sales@pie.co.jp

Publisher: Miyoshi Hiromoto
　　PIE International
　　2-32-4, Minami-Otsuka, Toshima-ku, Tokyo
　　TEL +81-3-3944-3981　FAX +81-3-5395-4830
　　sales@pie.co.jp

編集・制作　PIE BOOKS
印刷・製本　株式会社東京印書館